DEVOCIONAL

Ela é do Céu

Editora Appris Ltda.
1.ª Edição - Copyright© 2025 dos autores
Direitos de Edição Reservados à Editora Appris Ltda.

Nenhuma parte desta obra poderá ser utilizada indevidamente, sem estar de acordo com a Lei nº 9.610/98. Se incorreções forem encontradas, serão de exclusiva responsabilidade de seus organizadores. Foi realizado o Depósito Legal na Fundação Biblioteca Nacional, de acordo com as Leis nos 10.994, de 14/12/2004, e 12.192, de 14/01/2010.

Catalogação na Fonte
Elaborado por: Dayanne Leal Souza
Bibliotecária CRB 9/2162

C933d 2025	Cristhina, Kézya 　　Devocional: ela é do Céu / Kézya Cristhina, Talita Morais, Tati de Souza. – 1. ed. – Curitiba: Appris: Sauvé, 2025. 　　93 p.; 21 cm. 　　ISBN 978-65-250-7644-7 　　1. Literatura devocional. 2. Vida cristã. 3. Fé. I. Morais, Talita. II. Souza, Tati de. III. Título. 　　　　　　　　　　　　　　　　　　　　　　　　CDD – 242

Livro de acordo com a normalização técnica da ABNT

Appris
editora

Editora e Livraria Appris Ltda.
Av. Manoel Ribas, 2265 – Mercês
Curitiba/PR – CEP: 80810-002
Tel. (41) 3156 - 4731
www.editoraappris.com.br

Printed in Brazil
Impresso no Brasil

Kézya Cristhina
Talita Morais
Tati de Souza

DEVOCIONAL

Ela é do Céu

EDITORA

Curitiba, PR
2025

FICHA TÉCNICA

EDITORIAL	Augusto Coelho
	Sara C. de Andrade Coelho
COMITÊ EDITORIAL	Brasil Delmar Zanatta Junior
	Estevão Misael da Silva
	Gilcione Freitas
	Luis Carlos de Almeida Oliveira
	Viviane Freitas
CURADORIA DE CONTEÚDO E IMPACTO COMERCIAL	Marli C. de Andrade
SUPERVISORA EDITORIAL	Renata C. Lopes
PRODUÇÃO EDITORIAL	Bruna Santos
REVISÃO	João Simino
DIAGRAMAÇÃO	Bruno Ferreira Nascimento
CAPA	Lívia Costa
REVISÃO DE PROVA	Ana Castro

Ela é do céu

*Ela é linda,
especialmente por dentro.
Ela chora,
especialmente pra Deus.
Ela erra,
mas se esforça pra acertar.
Se preciso, não hesita
em pedir perdão e perdoar.*

*Ela é princesa
de um Reino que não passa.
Vive sua vida
com leveza e graça
Respeita as pessoas,
sabe que por elas Jesus se entregou.
Não diz palavrão nem mentira,
sabe que a Deus isso nunca agradou.*

*Ela adora dia e noite
fortalecendo a comunhão.
Não toma a forma do mundo,
vai feliz na contramão.
Dá valor ao sacrifício
que rasgou o espesso véu,
pois é pelo sangue de Cristo
que se pode dizer isto:
ela é do céu.*

(Tati de Souza)

AGRADECIMENTOS

Ao grande Deus, nossa gratidão por ter nos confiado a arte de tocar almas por meio da Palavra da Vida.

SUMÁRIO

INTRODUÇÃO..13

DEVOCIONAL 1
QUAL O SEU TIPO DE RELACIONAMENTO COM DEUS?......................15

DEVOCIONAL 2
DISCIPLINA É FUNDAMENTAL..17

DEVOCIONAL 3
QUAL O NOME DELE?..19

DEVOCIONAL 4
AMIGO – UM PRESENTE DE DEUS..21

DEVOCIONAL 5
ESPERA NO SENHOR..23

DEVOCIONAL 6
70X7..27

DEVOCIONAL 7
SEGURE ESSA LÍNGUA...29

DEVOCIONAL 8
GUARDE O SEU CORAÇÃO ♥..33

DEVOCIONAL 9
SE EU NÃO FIZER, NÃO SERÃO MEUS AMIGOS..................................35

DEVOCIONAL 10
ABRACE...37

DEVOCIONAL 11
ENVOLVA-SE 41

DEVOCIONAL 12
COM VOCÊS, A PROFESSORA FORMIGA! 45

DEVOCIONAL 13
NÃO EXISTE MEIO-TERMO: O MURO JÁ TEM DONO 47

DEVOCIONAL 14
MELHOR NÃO ARREBENTAR A PORTA 49

DEVOCIONAL 15
DALILA E O PODER FEMININO 51

DEVOCIONAL 16
APRENDENDO COM DANIEL 53

DEVOCIONAL 17
DÓI? ENTÃO FAÇA BOM PROVEITO! 55

DEVOCIONAL 18
NO QUE DEPENDER DE VÓS 57

DEVOCIONAL 19
DIETA ESPIRITUAL? NEM PENSAR! 61

DEVOCIONAL 20
COMPARTILHAR É ABENÇOAR 63

DEVOCIONAL 21
CUIDADO, ELAS MATAM! 65

DEVOCIONAL 22
DEIXE SUAS REDES IMEDIATAMENTE 67

DEVOCIONAL 23
E QUANDO NADA VAI BEM? 71

DEVOCIONAL 24
PECADO DE ESTIMAÇÃO 73

DEVOCIONAL 25
VOCÊ É CASA DE DEUS 75

DEVOCIONAL 26
VOCÊ NÃO SABE PELO QUE ESTOU PASSANDO 79

DEVOCIONAL 27
DEUS SÓ QUER O CORAÇÃO. SÓ QUE NÃO! 83

DEVOCIONAL 28
SAIA DO CASULO 85

DEVOCIONAL 29
O PODER DA FÉ 89

DEVOCIONAL 30
AMANDO PODEROSAMENTE 91

Introdução

Olá, querida leitora! Estamos muito felizes em compartilhar a Palavra com você. A Bíblia Sagrada é o GPS infalível que nos leva pelo único caminho seguro até o céu: Jesus Cristo, o vivo caminho. Com este devocional, convidamos você a refletir sobre diversos temas. Há muitas atividades que acompanham os textos para conduzi-la na meditação e análise dos assuntos e na aplicação em sua vida.

São 30 reflexões para você estudar diariamente (ou como desejar). Leia os textos e pense sobre eles. Use sua Bíblia para ler as referências e faça cada atividade com intenção e devoção.

É muito importante dedicar um tempinho para estar a sós com Deus, diariamente. Ore. Convide o Espírito Santo para estar com você, para orientá-la em suas meditações e ensiná-la. Não permita que o cansaço e o desânimo a façam desistir dessa caminhada, e siga com fé e determinação.

Conheça nossa página no Instagram - @elaedoceu e, quando concluir seu estudo, escreva para nós! Teremos imenso prazer em saber como foi a sua jornada. Desejamos que você tenha lindos momentos desfrutando da própria companhia e, especialmente, da presença maravilhosa do Senhor. Também oramos para que o Espírito Santo a leve a compreender os segredos que o Pai deseja revelar (Sl 25.14).

Com carinho, as autoras.

Qual o seu tipo de relacionamento com Deus?

Em 2º Reis 4, temos dois exemplos de relacionamento. O primeiro, que dura apenas sete versículos, nos mostra uma viúva que procura o profeta (figura de Deus) pedindo ajuda para pagar as dívidas que seu marido havia deixado. Após conseguir o que queria, o relacionamento acabou.

A partir de 2º Reis 4.8, temos a história da sunamita. Uma mulher rica, feliz, que parecia não precisar de nada. Ela procura o profeta, não para pedir algo, mas para oferecer. E a partir daí ela constrói um relacionamento duradouro e salutar com Eliseu.

Qual tem sido sua motivação para buscar a Deus? Só O procura quando precisa de algo ou porque sente a necessidade de um relacionamento sólido com Ele? Mais importante que buscarmos riquezas aqui, é investirmos num relacionamento íntimo e sincero com Deus.

Mateus 6.33 nos orienta a buscar primeiro o Reino de Deus, e então Ele nos abençoará, no momento certo, com tudo aquilo de que necessitamos.

Foi isso que a sunamita fez. E Deus a abençoou com o que ela necessitava: um filho!

Não busque a Deus pelo que Ele pode lhe dar, mas busque-O disposta a entregar o que você tem de mais precioso: sua vida!

Para pensar...

A. Você já parou para pensar em qual tipo de relacionamento você se encaixa? Busca a Deus pelo que Ele é, ou pelo que Ele pode dar?

B. Construa um relacionamento duradouro e saudável com Deus. Ao contrário do que muitos pensam, falar com Deus é muito simples; é uma conversa entre você e seu melhor amigo. Pode se abrir e falar sobre tudo com Ele. Sim, Ele sabe o que você falará, mas deseja ouvir a sua voz.

C. Crie um cantinho de oração onde você possa dedicar tempo a Deus, seja louvando, orando ou estudando Sua Palavra. Comece com 10 minutos, por exemplo, mas que esses sejam minutos de excelência. O que importa não é a quantidade e sim a qualidade do tempo que você dedica a Ele. Ofereça sempre o seu melhor.

D. Faça uma lista daquilo que tem atrapalhado seu relacionamento com Deus, das coisas que têm tomado seu tempo com Ele. Pense um pouco sobre essa lista e reveja suas prioridades.

E. Pesquise na Bíblia pelo menos três histórias de relacionamento com Deus e anote tudo o que você achar que possa ser aplicado no seu relacionamento com Ele.

Disciplina é fundamental

Refletir sobre disciplina parece até desafiador, visto que muitos pregam a liberdade desordenada como forma de prazer para a vida. Entretanto, essa palavrinha tão séria continua sendo importante em todos os aspectos de nossa existência.

Se comemos desenfreadamente, sem considerarmos os excessos, o resultado será uma saúde precária, com possíveis doenças nos rondando e um peso que nos impede de praticar muitas atividades. Disciplina na alimentação nos leva a viver melhor.

Caso tenhamos o hábito de deixarmos tudo para depois no colégio, na faculdade ou no trabalho, por exemplo, não somos bem-vistos por aqueles que nos rodeiam. Além disso, o atraso causa em nós preocupações que poderíamos evitar se fizéssemos tudo a tempo.

E quanto ao seu relacionamento com Deus? Há disciplina no tempo e na forma como trata sua vida espiritual? Muitas pessoas têm deixado de estudar a Palavra de Deus por falta de tempo, pois passam muitas horas no celular. Outras não vão à igreja adorar ao Senhor, pois têm muitos compromissos sociais a cumprir.

Por mais que a disciplina, inicialmente, não seja assim tão agradável, tenha certeza de que, se colocada em prática, será bastante benéfica para você. Verá que os seus objetivos serão alcançados com mais tranquilidade e rapidez! (Ef 4.22-24).

Para pensar...

A. Ensinando a Timóteo, Paulo o aconselha a permanecer nas coisas que aprendeu e das quais tem convicção (2 Tm 3.14). Você tem permanecido na fé em Cristo Jesus? Quais são os ensinamentos bíblicos que você aprendeu no passado e continua praticando?

B. Quanto tempo você dedica diariamente para um relacionamento mais íntimo com Deus? Enumere ações que podem ser praticadas para ter mais comunhão com o Senhor e determine tempo também para isso.

C. Que hábitos você tem desenvolvido para cuidar da saúde de seu corpo? Tem se alimentado de maneira desenfreada, fora de hora? Precisamos cuidar do templo e habitação de nosso Deus (1 Co 3.16-17), por isso, sugerimos que comece a buscar informações de como tornar as suas refeições mais saudáveis e modificar os seus hábitos alimentares.

D. Um dos males deste século é a ansiedade, que abate a saúde emocional e física das pessoas. Para a nossa salvação, a Bíblia nos ensina a lançar todas as nossas preocupações nas mãos de Deus. Que tal listar aqui cinco de suas principais preocupações, tomar a decisão de entregá-las ao Senhor e, diariamente, agradecer por Ele estar cuidando de você?

E. e) O que na sua vida precisa mudar para melhorar o seu relacionamento com as pessoas e com Deus? Crie a disciplina de todos os dias anotar um versículo que a ensine a ser mais parecida com Cristo e o leia em voz alta para que sua alma o compreenda melhor.

Qual o nome dele?

Todas nós somos falhas, o pecado nos ronda e, por mais que tentemos, vez ou outra somos vencidas. O pecado separou a humanidade de Deus, mas Jesus nos reconcilia com Ele. Aleluia!

Davi, arrependido, confessou: "contra ti pequei e fiz o que tu reprovas" (51.4). Nossa luta contra o pecado deve ser ininterrupta. Mas, o que fazer quando pecamos?

Reconhecermos é o primeiro passo. Arrepender-nos é fundamental. O passo seguinte é confessarmos e deixarmos (Pv 28.13). Porém, quando formos conversar com Deus e mostrar nosso arrependimento, não devemos usar desculpas. Não tentemos nos convencer de que foi apenas um deslize, um momento de fraqueza, um escorregão. Digamos: "Senhor, eu pequei". Encaremos de vez a situação, dando nome ao pecado. Sim, ele tem nome: "imoralidade sexual, impureza e libertinagem, idolatria e feitiçaria; ódio, discórdia, ciúmes, ira, egoísmo, dissensões, facções e inveja; embriaguez, orgias e coisas semelhantes" (Gl 5.19-21).

Não guardemos o pecado, nem finjamos que está tudo bem. Não nos mantenhamos longe do Pai, mas nos reconciliemos com Ele. Humilhemo-nos aos pés da cruz. E, sem dúvida, sairemos dali com a comunhão fortalecida e a alegria da salvação restaurada.

Para pensar...

A. Fique a sós com Deus. Peça a ajuda do Espírito Santo e faça uma reflexão, perguntando a si mesma: "Tenho pecado a confessar? Qual o nome dele?". Você pode orar e pensar sobre isso durante um ou dois dias, como achar necessário.

B. Se houver um pecado ou mais, não importa a quantidade, peça ao Espírito que mova seu coração em direção ao arrependimento.

C. Converse com Deus. Conte tudo a Ele. Peça que a perdoe, a purifique com o precioso sangue de Jesus e lhe dê forças para seguir no caminho da santificação.

D. Faça o compromisso de buscar, dia a dia, fortalecer a comunhão com o Pai, pois quanto mais nos aproximamos Dele, mais nos distanciamos do pecado.

E. Leia com atenção: Provérbios 28.13 e Salmos 51.

Devocional 4

AMIGO – UM PRESENTE DE DEUS

Muitas pessoas se doam demais para quem não lhes dispensa a mesma atenção, e acabam se machucando, se decepcionando. Isso acontece porque colegas são confundidos com amigos.

Amigos de verdade não se aproximam da gente por interesse; dizem a verdade mesmo que doa; não falam só aquilo que queremos ouvir. Eles puxam nossa orelha se for preciso, oram por nós, conhecem a nossa vida mais profundamente, se alegram com nossas conquistas e também choram conosco quando passamos por maus momentos.

A Bíblia nos fala que há amigos mais chegados que irmãos (Pv 18.24), que devemos amar nosso amigo a todo tempo, e que veremos que nas horas difíceis surgirá um irmão, um parceiro (Pv 17.17).

Além disso, nossos irmãos também podem ser nossos melhores amigos! Deus sabe onde esses amigos estão. Ore, peça a Ele para apresentar-lhe amigos de verdade, companheiros de oração e de batalhas.

Ter um amigo é uma bênção, um presente de Deus! E nada melhor do que pedir isso para o nosso maior e melhor amigo: Jesus Cristo.

Para pensar...

A. Você já parou para pensar sobre quem são seus verdadeiros amigos? Eles a aproximam de Deus ou a afastam da presença Dele?

B. Pense um pouco no seu círculo de amizade. Já sabe quem são seus verdadeiros amigos? Então, faça uma lista com os nomes desses amigos e, em seguida, ore agradecendo pela vida de cada um deles. Peça que Deus os abençoe e preserve a amizade de vocês.

C. Fortaleça a amizade entre você e sua família. Pais, irmãos, tios, primos, avós, podem tornar-se verdadeiros amigos, às vezes só falta cultivar essa amizade.

D. É maravilhoso ter amigos! Mas se tem algo que não podemos esquecer de cuidar é da nossa amizade com nosso maior e melhor amigo: Jesus Cristo. Ele é o único que sempre estará presente, seja qual for a situação. Aproveite esse momento para se abrir com Ele. Conte todos os seus medos, seus anseios, seus planos e peça a Ele para ajudá-la a andar conforme a Sua perfeita vontade e a sonhar os sonhos Dele para sua vida. Se for preciso, reate hoje essa amizade (ouça a canção *Reatando a amizade*, de Samuel Mariano).

E. A amizade é uma grande bênção de Deus. Um bom amigo estará presente nos momentos bons, mas também estará pronto para ajudar nas horas mais difíceis. Devemos sempre valorizar uma boa amizade. Leia: 1 Samuel 18.1-3; Provérbios 13.20, 17.17, 22.24-25, 27.5-6; Eclesiastes 4.9-10; 1 Coríntios 15.33.

Devocional 5

Espera no Senhor

Quando se fala em esperar no Senhor, a juventude geralmente pensa em esperar para namorar e casar com alguém de Deus, no tempo de Deus. Não está errado, mas não é só isso.

Esperar em Deus deve ser uma atitude intrínseca a todo cristão que deseja sinceramente viver Nele, por Ele e para Ele. Quanto mais cedo aprendermos isso, melhor! Deve ser nossa prioridade buscarmos a Deus antes de qualquer outra coisa e esperarmos as bênçãos que virão, inevitavelmente, se assim agirmos.

Deus, pelo Espírito Santo, está presente em nós para, em tudo, nos auxiliar. Em cada decisão e para cada escolha (como fazer uma viagem, começar um trabalho ou faculdade, mudar de cidade, ter uma conversa importante), espere no Senhor, peça sabedoria, pergunte o que Ele pensa a respeito, qual o melhor momento etc.

O nosso Deus não falha, e quem espera Nele, e não apenas Dele, jamais se envergonhará. Ele tem o melhor sempre e cumpre o que promete.

Esperar no Senhor não é cruzar os braços e deixá-lo agir. Ao contrário, é trabalhar por Ele, incansavelmente, enquanto Ele trabalha por nós. É assim que Ele nos torna aptas a viver os Seus milagres. Espere!

Para pensar...

A. Quando você ouvia a frase "espere no Senhor", o que você entendia? E agora, de acordo com o texto, consegue compreendê-la melhor? Releia-o e pense a respeito.

B. Consegue perceber que esperar no Senhor é algo muito importante que, por não ser natural do ser humano, deve ser aprendido, visto que somos seres imediatistas e gostamos de estar no controle? O que você pode fazer para que esperar no Senhor se torne um hábito em sua vida?

C. Tire um momento de profunda reflexão e pense nas promessas de Deus para você, tanto as que estão na Bíblia quanto as que Ele lhe comunicou de outra maneira. Agora, pense no que você está fazendo para alcançar o cumprimento dessas promessas. Lembre-se de que Deus fará o que for impossível aos seus olhos, mas a parte possível cabe a você.

D. Enquanto esperamos que as promessas de Deus se cumpram em nossas vidas, nós trabalhamos pelo Reino. De que forma você está contribuindo na igreja à qual pertence? O que mais pode fazer? De que maneira as pessoas podem ver Deus em você? Entenda que, onde estiver, você representa o Corpo de Cristo. Seja uma bênção por onde passar!

E. Em sua Bíblia, busque as referências e preencha o quadro, assim como exemplificado na segunda linha. Depois, releia e medite. Perceba que esperar no Senhor enquanto vive uma vida de obediência a Sua Palavra é garantia de um futuro abençoado.

Referências	Bênçãos	O que devo fazer para alcançar
Jo 15.14	Ser amigo de Deus	Obedecer aos Seus mandamentos
Sl 1.1-3		
Dt 5.16		
2 Cr 7.14		
Mt 6.6		
Dt 28.2		
Mt 6.12		

Devocional 6

70x7

Quem estuda a Bíblia também precisa entender os números. É... é exatamente isso que você acabou de ler. Determinada vez, Pedro, um discípulo, perguntou a Jesus Cristo quantas vezes era necessário perdoar alguém, se era até sete vezes. Ele estava entusiasmado em demonstrar atitudes diferentes de outrora. Para um judeu, o perdão poderia ser dado até três vezes, no máximo.

Jesus então o surpreendeu com a seguinte resposta: "Não te digo até sete, mas até setenta vezes sete." (Mt 18.22). É bem certo que essa resposta tenha causado impacto em Pedro, pois considerava que sete já era um número extraordinário. Cristo, dessa maneira, dizia a ele que o perdão não deve ser oferecido com limitação; contudo, dispensado sempre, em qualquer circunstância, todas as vezes que for necessário.

Não é da natureza humana a condição de perdoar. Porém, quem tem a mente de Cristo, o coração transformado pela Palavra da Verdade, se esforça diariamente para que isso aconteça. Mesmo que o seu ofensor não receba o seu perdão, faça-o assim mesmo. Jesus, na cruz do Calvário, perdoou os seus ofensores, apesar de eles estarem ali vendo-o como se tivessem triunfado sobre o nosso Senhor.

Perdoe! Deus lhe perdoa diariamente! Lembre-se de fazer o mesmo!

Para pensar...

A. Sabemos que perdoar não é uma decisão fácil. Enquanto não a praticamos, carregamos um sentimento opressivo, como uma carga pesada sobre nossos ombros. Porém, quando assim o fazemos, a nossa alma se renova e nos sentimos mais leves. O que você fará para perdoar àquelas pessoas que a ofenderam?

B. Muitas pessoas vivem magoadas e até mesmo depressivas por sentirem dificuldade em perdoar as suas próprias falhas. Infelizmente, errar é da nossa natureza humana. Somos falhas, contudo temos um Deus que nos ajuda a melhorar cada vez mais. Que áreas de sua vida precisam ser perdoadas? Peça auxílio ao Espírito Santo para vencer as dores dos erros passados.

C. Cristo perdoou os nossos pecados e restaurou nossa aliança com Deus ao morrer na cruz do Calvário. Esse ato foi sacrificial e exigiu de Jesus a renúncia do Seu trono de glória. Reflita sobre que renúncias você deve fazer para perdoar aqueles que a ferem e escreva-as.

D. Em Lucas 10.27, o Senhor Jesus nos ensina a amar o próximo como a nós mesmos. Essa tarefa não é tão fácil, mas a prática dela é abençoadora. O que você fará, a partir de hoje, para amar mais a si mesma, e o que fará para demonstrar amor pelos que a ofendem?

E. Quando alguém faz algo de ruim conosco, a nossa natureza logo quer "pagar na mesma moeda". Mas isso não é comportamento de cristão. Pesquise versículos que nos ensinam a perdoar e não alimentar o ódio.

Devocional 7

Segure essa língua

Muitas pessoas receberam o dom de falar em línguas. Algumas, de maneira infantil, até se exibem. Mas ainda há poucas com o "dom" de segurar a língua.

Tem muito crente ostentando dons e negligenciando o Fruto do Espírito (Gl 5.22), essencial para o cristão.

Tiago, no capítulo 3, faz um grande alerta quanto ao mau uso da língua. Ele diz que a língua é como um pequeno fogo que pode incendiar toda uma floresta, e o próprio inferno a inflama.

Não deixe sua língua servir de instrumento para Satanás. Seja pronta para elogiar, tardia para criticar. Exclua a fofoca da sua vida. Não entre em assuntos que não lhe dizem respeito e não use a verdade para humilhar.

Segurar a língua é exercer o domínio próprio. Pode não ser fácil, mas é totalmente possível e necessário.

Para pensar...

A. Sabemos, nem sempre é fácil segurar a língua. Para algumas pessoas, é quase impossível. Mas, para o nosso bem e dos outros, façamos um esforço! Reflita: você tem conseguido dominar a sua língua ou constantemente se encontra em situações constrangedoras por não exercer controle sobre ela?

B. Observe o quão interessante é este versículo: "O que guarda a sua boca e a sua língua, guarda a sua alma das angústias" (Pv 21.23). Em outro, está escrito que "na multidão de palavras não falta pecado" (Pv 10.19). Faça uma lista daquilo que pode representar o mau uso da língua e observe sinceramente quais itens fazem parte do seu cotidiano. Ore e peça que Deus a auxilie no processo da mudança de hábito necessária.

C. Sua vida, como cristã, deve ser pautada pela verdade. Talvez isso já seja uma realidade para você, mas precisa estar ciente de que ela deve vir acompanhada da misericórdia. Dizer a verdade não deve ser uma desculpa para humilhar ou ofender a pessoa. Mesmo quando sabemos que o que deve ser dito, inevitavelmente, será uma dolorosa verdade, há mais de um modo de comunicá-la. Escolha aquele que demonstre amor.

D. No livro *Mulheres Sábias*, de Lydia Brownback, há um capítulo dedicado a esse assunto, intitulado "A Mulher Sábia Conhece o Poder das Palavras". Há um trecho que diz assim:

> Deus não nos deu o dom da linguagem para satisfazermos nossos desejos. Ele nos deu para edificação, encorajamento e para demonstrarmos a sabedoria. Quando a mulher usa sua língua para influenciar positivamente, Deus é glorificado e as pessoas que fazem parte de sua vida são abençoadas. (Brownback, L. *Mulheres Sábias*. São José dos Campos: Editora Fiel, 2018. p. 66)

Faça o teste: durante três ou quatro dias, apenas elogie; não faça críticas. Não fale mal das pessoas, apenas bem. Você constatará que é difícil, mas verá também o quanto é necessário e satisfatório.

E. Passeie, com paciência e atenção, por Provérbios e anote versículos que trazem conselhos sobre o uso da língua e as palavras. Volte, releia-os e medite. Depois converse com Deus sobre a maneira como você tem se comportado quanto ao uso da língua.

Guarde o seu coração ♥

> *Sobre tudo que se deve guardar, guarde o teu coração, porque dele procedem as fontes da vida.*
> (Pv 4.23)

O significado de *guardar* é: defender, reservar, observar, livrar. Assim, guardar o coração é mantê-lo sob constante cuidado e observação.

No entanto, guardar de quê? De um mundo que tem perdido seus fundamentos, que é regido pelo maligno. Guardar da maldade, do ressentimento, da inveja, da soberba, da imoralidade... enfim, de tudo aquilo que desagrada a Deus.

Antes de encarar um namoro, aprimore seu relacionamento com Deus, busque nele as respostas que precisa. Peça a Ele alguém "que não brinque contigo e com teu coração. Parceiro, amigo, irmão de oração. Que tenha um chamado e siga contigo na mesma unção" (ouça esta canção: *Meu pai falou*, de Eyshila e Fernanda Brum).

Não tenha pressa, viva cada fase da vida intensamente. Há tempo para todas as coisas (Ec 3) e, no momento certo, a pessoa certa a encontrará no lugar certo: no centro da vontade de Deus.

"Deus conhece os desejos do teu coração, Ele sabe o momento do 'sim' e do 'não'. É melhor esperar pra não se arrepender... A resposta certa vem do coração de Deus" (*Guarda o coração*, de Liz Lanne).

Para pensar...

A. Como anda a saúde do seu coração? Você acha que ele está batendo no ritmo da vontade de Deus?

B. O coração representa o centro das nossas emoções e pensamentos. Tendo isso em mente, quais são as mudanças que você considera necessárias para manter seu coração livre de contaminação?

C. Jesus disse que a boca fala do que o coração está cheio. O que tem saído da sua boca glorifica Deus? Tem abençoado ou amaldiçoado pessoas? Com o que você tem enchido o seu coração?

D. Ore a Deus submetendo a sua identidade e personalidade ao Seu olhar perscrutador. Peça a Ele que remova toda sujeira, tudo aquilo que não O agrada, e que faça com que o fruto dos seus lábios reflita um coração purificado por Ele.

E. Mantenha seu coração leve e saudável. Encha-o com as coisas de Deus. Proteja-o do que é mal. Que da sua boca saiam somente palavras de bênçãos.

Leitura de hoje: Deuteronômio 6.5,6, Salmos 24.3-5; 51.9-11; 119.10,11, Jeremias 17.9,10, Mateus 5.8; 15.18-19, Lucas 6.45 e 2º Timóteo 2.22.

Se eu não fizer, não serão meus amigos...

E aí, já praticou algo simplesmente porque não queria ser chamada de careta? Uma dancinha, um gole de uma bebida, uma foto comprometedora, uma acusação indevida a outra pessoa... Aparentemente, pequenos atos não fazem mal a você; contudo, aos poucos, vão sendo acumuladas pilhas de atitudes que agradam ao mundo e desagradam a Deus.

Há um texto na carta de Tiago que nos diz: "qualquer que quiser ser amigo do mundo constitui-se inimigo de Deus" (Tg 4.4). Qual amizade lhe vale mais e traz melhores benefícios? Pense nisso. O salmista disse ser "bem-aventurado o homem que não anda segundo o conselho dos ímpios, nem se detém no caminho dos pecadores, nem se assenta na roda dos escarnecedores" (Sl 1.1).

Obedecermos a Deus pode parecer muito difícil, mas confie, quando você compreende, de fato, que a vontade Dele para sua vida é boa, perfeita e agradável (Rm 12.2), tudo se torna mais fácil. Você passa a agir na contramão do sistema, renunciando aos prazeres deste mundo, porque se torna convicta de que o Criador está ao seu lado e a ajuda a vencer todas as dificuldades.

Escolha ser amiga de Deus!

Para pensar...

A. Você se lembra de alguma situação que tenha vivido e depois tenha se arrependido? Com certeza sua resposta é afirmativa. Como você reagiu a esse acontecimento? Como se sentiu diante de Deus?

B. Em contrapartida, em sua vida você deve ter feito algo que desagradou alguém ou um grupo ao qual pertence, mas a sua consciência ficou em paz. O que você fez certamente teve a aprovação de Deus. Narre como isso aconteceu.

C. Hoje é dia de rever as suas redes sociais. Tire um tempinho para avaliar quem, de fato, você segue. Construa um filtro que lhe fará bem. Aqueles perfis que demonstram ser bem contrários aos princípios bíblicos, aconselho você a tirá-los de sua teia. Com o passar dos dias, você perceberá o quanto os seus olhos e sua mente estarão mais distantes da influência do mal e o quanto o seu coração será alimentado de boas ideias.

D. Reflita: o seu comportamento demonstra, de fato, o exemplo de uma cristã? As pessoas percebem o brilho de Cristo em sua vida? O que tem feito com frequência para mostrar que não anda segundo os conselhos deste mundo? E o que você pode melhorar ainda mais na sua jornada?

E. Paulo nos exorta a sermos imitadores de Cristo (Ef 5.1). Na busca pela santificação, a Bíblia está repleta de bons exemplos de pessoas que decidiram andar no caminho da vida. Leia hoje a Palavra e destaque alguns nomes de homens e mulheres que tiveram comportamentos que agradaram a Deus e que servem de inspiração para você.

Devocional 10

ABRACE

No ritmo intenso da vida que levamos, torna-se cada vez mais comum o uso de remédios para relaxarmos o corpo e a mente. O estresse já é conhecido como um dos males deste século. Porém, há um calmante natural e fácil de encontrar: o abraço.

O abraço é uma demonstração de sentimento muito eficaz, mais do que imaginamos. Com ele podemos manifestar amor, compreensão, aceitação, consolo, agradecimento e muito mais.

Quando abraçamos alguém, nosso organismo libera ocitocina, uma substância conhecida como o hormônio da felicidade ou do amor, pois provoca uma sensação de bem-estar e confiabilidade que auxilia no constante melhoramento dos relacionamentos. Estudos mostram que abraços fortalecem o sistema imunológico, diminuem os riscos de doenças cardíacas e o nível de cortisol (o hormônio do estresse).

Quando as crianças foram rejeitadas pelos discípulos, Jesus as abraçou. Quando o filho pródigo tentou ganhar a misericórdia do pai abandonado, foi recebido com o melhor abraço de sua vida.

O abraço acalma, acolhe, cura... e quanto mais demorado, maior seu efeito. Não espere datas especiais para abraçar seus pais, filhos ou o cônjuge. Avós, tios e amigos também precisam ser abraçados. Com respeito e carinho, abrace! (Gn 33.4).

Para pensar...

A. Neste texto, refletimos sobre abraços, mas o cerne da questão é a demonstração do carinho e do afeto que nutrimos pelas pessoas. Na correria da vida, os relacionamentos vão perdendo a importância, porém não podemos permitir que essa situação se estabeleça entre nós. Não adianta dizermos que amamos se não tornarmos esse amor detectável. Palavras desacompanhadas de ações são como um pote de mel vazio. Por favor, faça uma análise sobre seus relacionamentos e veja se o pote de mel que você oferece às pessoas não está vazio.

B. Estresse, ansiedade, depressão e outros males têm se tornado comuns atualmente. Muitas vezes, as pessoas se afastam e criam um muro ao redor delas. Quando perceber uma situação assim, esforce-se para que esse muro não se torne uma parede. Não seja indiferente. Dê atenção e carinho, mostre que se importa. Pense em alguém que precisa de ajuda para derrubar o muro e peça ao Senhor que a ajude a ser canal de bênção para aquela pessoa.

C. Talvez você seja alguém que cresceu em um ambiente onde a demonstração de afeto não era praticada com muita frequência. Mas, hoje, fazemos um apelo a você: faça diferente! Comece com mais sorrisos, abrace mesmo sem querer, faça um elogio sincero. Algum tempo depois, essas atitudes começarão a acontecer mais naturalmente e você fará diferença na vida daqueles que você ama e na sua também.

D. Cuide dos seus pais, regue o jardim do seu casamento, ouça seus avós, valorize cada pessoa da sua família e seus amigos. Olhe nos olhos ao cumprimentar as pessoas e dê abraços inesperados. E, muito importante, não se despeça de qualquer maneira, pois pode não haver uma próxima vez.

E. Leia atentamente as passagens a seguir e perceba que Jesus poderia apenas curar aquelas pessoas, e assim já estaria fazendo muito. Mas Ele, incrível como ninguém, olhava com compaixão para elas e as tocava. E veja como Ele também sabe valorizar quando O tocam com sinceridade. Siga o exemplo do seu perfeito Mestre. Passagens: Lucas 13.10-17; Mateus 8.14,15; Marcos 5.22-42; Mateus 9.27-29.

Envolva-se

Na caminhada com Cristo, herdamos muitas bênçãos. A maior delas é a nossa salvação, a qual recebemos por fé, um presente do céu! Porém, recebemos também muitas responsabilidades. E hoje vamos abordar uma delas: missões.

Fazer missões é cumprir o Ide de Jesus, registrado em Marcos 16.15, que é dever de todo cristão. Nem todos vão ao campo, mas todos precisamos nos envolver.

Compartilhamos com você um lindo projeto da Missão Cristã Mundial (MCM): Meninas dos olhos de Deus. A MCM atua com esse projeto em vários países combatendo a exploração sexual infantil. No Nepal, por exemplo, há casas de acolhimento, escolas, programas de prevenção, sustentabilidade e profissionalização. Muitas meninas já foram resgatadas e algumas até se tornaram missionárias. Não é maravilhoso?!

Esse é apenas um exemplo. Há muito trabalho sendo feito e muito para fazer, inclusive na sua igreja. Procure se informar e saber como pode ajudar. Como diz uma bela canção do cantor Silvan Santos: "Ore, contribua ou então vá, faça algo, só não fique aí parado" (*Quem vai fazer missões*). Seja um canal de bênção, descruze os braços e envolva-se!

Para pensar...

A. Envolver-se na obra missionária é contribuir com a propagação do Evangelho e, consequentemente, ganhar almas. É maravilhoso saber que, ao obedecer ao Ide de Cristo, estamos atraindo pessoas a Ele! Ainda não conhece a MCM e o programa Meninas dos Olhos de Deus? Então corre lá! Está disponível em: www.mcmpovos.com.

B. Já ouviu falar a respeito da Igreja Perseguida? Ou melhor, já procurou conhecer mais sobre nossos irmãos perseguidos, torturados e, muitas vezes, mortos simplesmente por compartilharem a nossa fé? Faça isso hoje. Conheça a Missão Portas Abertas. Está disponível em: www.portasabertas.org.br.

C. Agora, pense na igreja da qual você faz parte e procure se inteirar da obra missionária realizada por ela. Você já contribui de alguma forma? Se não, que tal começar a se envolver!?

D. E quanto a esta missionária que está lendo este devocional neste momento? Sim, você mesma! De que maneira tem revelado ao mundo o amor do seu Senhor? Como tem mostrado às pessoas que Jesus é a única ponte que nos leva para o céu? Faça uma lista de coisas que você pode fazer para anunciar Jesus às pessoas. Mas lembre-se: o seu modo de viver fala mais alto do que qualquer frase bem elaborada.

E. Tire um tempo para orar por esses projetos que você está conhecendo. Coloque-se no lugar dos seus irmãos e apresente a Deus a Igreja Perseguida. Ore pelos missionários da sua igreja também. E não faça isso apenas hoje, mas constantemente. Leia Atos 9, e passeie um pouco pela história dos primeiros missionários. A seguir, indicamos alguns hinos para você ouvir e deixar que a chama por missões em seu coração seja inflamada:

- *Quero almas*, de Arielly Bonatti.
- *Missões*, de Quarteto Gileade.
- *Pescador de almas*, de Danielle Cristina.
- *Quem vai fazer missões?*, de Silvan Santos.

Devocional 12

Com vocês, a professora formiga!

Deus é tão sábio que nos ensina em todo o tempo e de maneiras variadas. Já observou, no texto sagrado, o quanto Ele gosta de mostrar a nós que uma criatura tão pequena é um grande exemplo de vida a ser seguido? Percebemos que ela existe não só para apropriar-se de nossas guloseimas, mas para um propósito divino também: ser professora dos humanos.

Em Provérbios 30.25, a formiga nos deixa a lição de que, embora seja considerada "impotente", não se abate em sua fraqueza, mas trabalha a fim de conseguir sua maior necessidade: a comida. Você é determinada na busca de seus objetivos?

O mesmo versículo também comenta que elas "no verão preparam a sua comida". E nesse trecho, temos mais um ensinamento grandioso. Esses pequenos animais sabem planejar, executar e consideram a importância da prudência. É no verão que estocam alimentos para os dias mais gélidos. Elas poderiam tão somente gozar do clima quente, mas não fazem isso. E você, como tem considerado a sua juventude? Está só no gozo de seus anos ou planeja o seu futuro?

Aqui então fica um conselho bíblico: "Lembra-te do teu Criador nos dias da tua mocidade." (Ec 12.1).

Para pensar...

A. Vivemos uma geração que prefere estar sob o teto dos pais por muito mais tempo. Não há mais aquele anseio por sair de casa e ter sua própria independência. Qual é a sua opinião sobre esse assunto?

B. Você se considera uma pessoa precavida, que faz tudo com antecedência, ou deixa tudo para a última hora? Que aspectos de sua vida pessoal podem ser melhorados a fim de que você não seja considerada uma mulher descuidada?

C. O que você tem feito para ajudar o Reino de Deus a crescer na comunidade em que você vive? Se ainda não se comprometeu a trabalhar para o Senhor, estabeleça um compromisso hoje. A Bíblia nos instrui a isso em Mateus 28.19.

D. Observe a sua família e defina quem pode ser considerado um grande exemplo de pessoa trabalhadora. Procure destacar quais são as vantagens de ser produtiva tal como as formigas.

E. A Bíblia traz várias referências das bênçãos que os trabalhadores recebem por serem assim. Ela também explica quais são as consequências na vida daqueles que escolhem viver na preguiça. Estabeleça um paralelo entre esses dois tipos de seres humanos e perceba qual é o melhor comportamento para o cristão.

NÃO EXISTE MEIO-TERMO:
O MURO JÁ TEM DONO

    A Palavra de Deus nos diz que se alguém quiser seguir a Jesus deve negar-se a si mesmo (Lc 9.23). Negar a nós mesmos é deixarmos de fazer nossa própria vontade e nos esvaziarmos do nosso "eu"; é dizermos não aos prazeres deste mundo. Ele não falou que seria fácil, mas prometeu estar conosco todos os dias.

    Uma vida com Deus tem que ter espírito, alma e corpo totalmente entregues a Ele. Não adianta o corpo estar com Ele (aparência) e o pensamento nas coisas do mundo. Ou, durante a semana, fazer a vontade própria e, no domingo, achar que está fazendo alguma coisa para Deus.

    Não se pode servir a dois senhores: ou servimos a Deus, ou não servimos. Não existe meio-termo. O muro já tem dono, pois para Satanás basta que estejamos na dúvida, ou seja, em cima do muro.

    Se você continua em cima do muro, indecisa sobre para qual lado deve ir, aconselho decidir-se rapidamente, pois Jesus está voltando! E se esse dia chegar e você ainda estiver em cima do muro, sinto muito lhe informar, mas fará companhia ao dono dele.

Para pensar...

A. a) Atualmente, ser "evangélico" virou status, igreja virou ponto de encontro, cultos foram trocados por "noites gospel", shows, raves... Deus não mudou, a Palavra Dele não mudou, e o que ela diz sobre "não se amoldar ao padrão deste mundo" ainda continua valendo. Como você tem se comportado diante desse cenário? Anda na contramão do mundo ou é só mais uma na multidão?

B. b) Você já parou para pensar quanto do seu tempo é dedicado a Deus? Será que não tem "sobrado" para Ele apenas um dia da semana? Pense um pouco sobre isso e ouça *Meu Universo*, de PG.

C. c) A Bíblia nos diz que não se pode servir a dois senhores. Ou servimos a Deus de todo coração, ou servimos a Satanás. Ainda dá tempo de sair de cima do muro. Se esse for realmente o seu desejo, faça agora uma oração de arrependimento. Peça a Deus perdão por não ter sido exclusivamente Dele até aqui e ajuda para se manter fiel a Ele até a Sua vinda.

D. d) Peça ajuda ao Espírito Santo para lhe trazer à memória tudo aquilo que você tem feito que não O agrada. Sabe aquele "tem nada a ver"? Então, Ele lhe mostrará tudinho. Esteja atenta e, à medida que for se lembrando, reflita e procure alinhar-se à vontade de Deus.

E. e) Não se esqueça: o muro já tem dono! Se você sentir que está tudo muito tranquilo e o inimigo não mexe com você, cuidado! Esses podem ser fortes indícios de que você já esteja do lado dele. Leia: Mateus 6.24, Romanos 12.2 e Tiago 4.4-10.

Devocional 14

Melhor não arrebentar a porta

Várias vezes já nos deparamos com uma porta fechada, trancada à nossa frente. Nosso impulso inicial é forçar a maçaneta como se ela, magicamente, fosse abrir. Batemos na porta, jogamos o nosso corpo contra ela... Há pessoas que até maltratam a coitada com chutes! Que feio!

É exatamente isso que, volta e meia, fazemos. Queremos tanto realizar um desejo, conseguir a atenção de alguém, que forçamos a abertura de portas que acreditamos nos levar ao nosso objetivo. Abrimos portas com o nosso famoso "jeitinho".

Porém, sabemos que essa não é a forma mais sensata de agir. Caso queiramos sucesso em nossa vida espiritual e cotidiana, precisamos confiar Naquele que vai à frente, abrindo caminhos no meio do mar (Êx 14.21-28), fendendo rochas para que a água em abundância sacie a nossa sede (Êx 17.1-6) e que também ordena a retirada de pedras para transformar a morte em vida (Jo 11.39-43).

Não aja por si mesma. Antes de qualquer atitude, peça conselhos ao Pai Celestial. Ele é onisciente, sabe de todas as coisas e pode dizer o que é melhor para seu futuro.

Creia: abrir portas com a ajuda do Senhor é bem mais fácil! (Zc 4.6b).

Para pensar...

A. Rastreie a sua memória e lembre-se de uma decisão que tomou por si mesma sem consultar a Deus. Em seguida, escreva quais foram as consequências disso.

B. Liste os desejos que você tem e gostaria que Deus a ajudasse a realizar. Após listar, faça uma oração pedindo a Ele que assuma o controle dos seus projetos de vida.

C. Por vontade de que algumas situações se concretizem rapidamente, não esperamos o tempo de Deus. Procure lembrar de acontecimentos bíblicos nos quais a pressa trouxe prejuízos que poderiam ser evitados.

D. "Confie no Senhor de todo o seu coração e não se apoie em seu próprio entendimento; reconheça o Senhor em todos os seus caminhos, e Ele endireitará as suas veredas." (Pv 3.5-6). Assim como você precisa cumprir esse versículo na sua vida, temos certeza de que alguém perto de você precisa desse conselho. Escolha uma pessoa, rascunhe uma mensagem e, em seguida, envie a ela junto ao versículo citado. Temos certeza de que ela gostará de seu conselho.

E. Esperar o tempo e o agir de Deus é o melhor para nós. Registre ao menos três passagens bíblicas que comprovem essa afirmação. Então, escolha uma delas para colocá-la em um lugar bem visível onde você possa ler e lembrar todos os dias.

Devocional 15

DALILA E O PODER FEMININO

É certo que o charme e a beleza da mulher contribuem, e muito, na hora de persuadir e convencer. E é certo que cada mulher tem seu charme e sua beleza.

Dalila foi contratada para persuadir Sansão (Jz 16.5) – o grande, o forte, o temível Sansão! Dalila sabia bem como usar seu charme e tinha habilidade em persuadir. Seu objetivo era derrubar aquele homem. E ela conseguiu.

A mulher cristã também tem seu charme (que charme!), tem beleza e tem talentos, como muitas outras. Mas há algo que faz total diferença, pois, como disse Elisabeth Elliot: "o fato de ser mulher não me torna um tipo diferente de cristão, mas o fato de ser cristã me faz um tipo diferente de mulher".

Tal mulher usa todos os seus recursos para fortalecer o marido na Rocha, que é Jesus. Ela ora por ele com fervor; ela diz a verdade em amor, conforta, abraça, não o incentiva ao erro nem se omite ao vê-lo trilhar maus caminhos. Ela mostra a direção quando ele já não consegue enxergá-la.

É você quem decide como seus dotes femininos serão usados. A mulher é poderosa, "mas a mulher que teme ao Senhor, essa sim será louvada" (Pv 31.30)!

Para pensar...

A. É hora de refletir! Você, como uma mulher que serve ao Senhor, tem se comportado de maneira que agrada a Ele? Seus pensamentos, sua fala e suas ações confirmam que você é uma mulher que decidiu honrar a Cristo? Sua beleza tem sido usada como pedra de tropeço? Considera seu caráter como parte de sua beleza?

B. Se ainda não se casou, pense em como você se relaciona com seu namorado. O relacionamento de vocês os honra ou os envergonha como pessoas cristãs? É um relacionamento sério, promissor, ou estão apenas se divertindo? Você tem incentivado seu namorado a fortalecer a aliança com Deus ou ambos não a levam a sério?

C. Se você é casada, reflita sobre o modo com que age com seu esposo. Fidelidade e honra são essenciais? Ao aconselhá-lo diante de alguma situação ou problema, quais são as intenções do seu coração? Lembre-se de que Deus as sonda.

D. Agora, convidamos você a consagrar sua beleza a Deus. Agradeça a Ele por lhe fazer especial e única e diga-Lhe sobre seu desejo de honrá-lo em tudo, inclusive com sua beleza e seus talentos. Peça que a ajude a não os usar para manipular as pessoas ou para atingi-las de alguma maneira. Lembre-se de que é você que decide como seus dotes femininos serão usados, mas "a mulher que teme ao Senhor, essa sim será louvada".

E. Você se lembra da linda rainha que em tudo honrou a Deus? Procure aprender com ela. Estude o livro de Ester com calma, marque os versículos que chamam a sua atenção. Ore para que o Espírito Santo fale ao seu coração e tome nota das importantes lições que a ajudarão a viver de maneira honrosa diante do Senhor.

Devocional 16

APRENDENDO COM DANIEL

A história de Daniel é um exemplo de fé e fidelidade a Deus; de caráter cristão; e de como devemos servir de maneira excelente, mesmo em situações adversas. A sua fidelidade a Deus fez com que ele prosperasse no cativeiro, mas isso suscitou a ira dos seus inimigos, que vasculharam toda a sua vida em busca de algo que pudesse incriminá-lo. Contudo, "não puderam achar falta alguma nele, pois ele era fiel; não era desonesto nem negligente" (Dn 6.4).

Daniel não abriu mão da sua comunhão com Deus nem diante da morte! E nós, muitas vezes, deixamos a oração, o momento com Deus, devido ao sono, à preguiça, ao cansaço... Peça a Deus para moldar o seu caráter, para ajudá-la a ter uma vida de intimidade e fidelidade.

Não divida sua adoração, que seu coração seja exclusivamente Dele. Viva para Ele, não abra mão do céu. Mesmo diante da morte, prefira ser fiel!

PARA PENSAR...

A. Daniel foi levado cativo para a Babilônia ainda muito jovem. Mas, mesmo longe de seus pais, numa terra estranha e com um novo nome, ele não permitiu que essa situação abalasse sua fé em Deus, nem que interferisse no seu caráter, pois ele sabia quem era em Deus. O que você pode dizer a seu respeito? Você tem sido exemplo para os que a cercam ou seu caráter como cristã está corrompido, precisando de ajustes?

B. Assim como aconteceu com Daniel, quando fazemos a vontade de Deus e seguimos íntegras, deixamos o inimigo furioso. O inimigo nos rodeia 24 horas, vasculhando a nossa vida à procura de, pelo menos, uma rachadura para nos acusar. Você acha que tem agradado a Deus com sua vida, que tem sido fiel a Ele em tudo, ou teme que o inimigo descubra alguma coisa, pois você anda meio "trincada"?

C. Daniel era sábio até para escolher suas amizades. Seus amigos eram jovens que serviam ao mesmo Deus que ele e acreditavam nos mesmos princípios e valores. Juntos, eles decidiram não se contaminarem, não se deixarem influenciar pelo ambiente babilônico. Eles se apoiavam e, assim, permaneciam com sua fé inabalada. Quais critérios você tem usado para selecionar suas amizades?

D. Daniel e seus companheiros venceram! Não foi nada fácil. Mas eles decidiram ser fiéis a Deus, mesmo diante da morte. Atualmente também não é fácil, mas a fidelidade é uma questão de decisão. Ore pedindo a Deus que a ajude a ser fiel a Ele em qualquer situação. Permaneça firme. "Seja fiel até a morte e você receberá a coroa da vida" (Ap 2.10). Ouça: *Fidelidade,* de Danielle Cristina.

E. Estude Daniel 1-6. Seja edificada e fortalecida, em nome de Jesus!

Dói? Então faça bom proveito!

Devemos encarar nossas dificuldades, assumi-las e buscar soluções. Às vezes esse processo é demorado. E doído também.

Tente enxergar diferente, pois sofrer pode não ser de todo ruim. Dói, mas provoca mudanças, e mudanças são necessárias.

Nós, de modo geral, somos tendenciosos ao comodismo: geralmente, não buscamos a mudança e, quando ela vem, nós a recusamos. Mas precisamos crescer! O sofrimento pode nos amadurecer, além de revelar verdadeiras amizades e nos aproximar de Deus.

Se você está passando por um momento doloroso, faça-o valer a pena e saia dele mais forte, mais sábia e, consequentemente, mais linda!

Para pensar...

A. Como todas as pessoas, enfrentamos momentos difíceis. Qual é sua maior dificuldade agora? O que tem tirado seu sono ou sua paz? Como você chegou a esse ponto? Poderia ter evitado?

B. Você procura culpados ou assume sua responsabilidade com facilidade? Saiba que ignorar o problema ou transferir a culpa não a ajudará. Avalie sua postura diante da dificuldade e decida fazer melhor. Pegue uma caneta e comece a tomar nota do que fazer para chegar a uma solução. Ore, trace metas e se esforce para alcançá-las.

C. Independentemente de como você entrou nessa situação e do quão dolorida ela seja, saiba que passará, e sua postura pode acelerar o processo. Então, procure tirar algo de bom dessa situação. Permita que o Espírito Santo trabalhe suas falhas. Quem sabe se você não precisa ser mais grata ou mais humilde? Talvez precise aprender a valorizar mais a família, a administrar melhor suas finanças e seu tempo... Vamos, faça uma listinha!

D. As dificuldades são degraus de amadurecimento. Busque ao Senhor e peça sabedoria, Ele tem prazer em ajudá-la. Salomão já dizia que a tristeza do rosto faz melhor o coração (Ec 7.3). Faça com que os momentos difíceis lhe proporcionem belas mudanças.

E. Estude Eclesiastes 7 e anote algumas lições que encontrar por lá.

Devocional 18

NO QUE DEPENDER DE VÓS

Há um ensinamento interessante de Paulo em sua epístola aos Romanos. Assim ele aconselha: "No que depender de vós, tenham paz com todos." (Rm 12.18). É muito sério esse pensamento que, por vezes, desconsideramos. A paz ao nosso redor depende do que falamos ou fazemos. Já pensou nisso?

Existe pessoa que é de agradável presença. Quando estamos perto dela, sentimo-nos bem porque sabemos que ela não dirá frases que nos ferirão ou nos deixarão desconfortáveis. A paz que ela transmite é percebida no sorriso, no tom de voz e no olhar.

Essa paz não vem de outro lugar a não ser de Cristo. Ele, em várias situações, chegou a lugares e desejou que a Paz estivesse com as pessoas. E nós sabemos: Ele é a própria paz. Quem O recebe como Senhor e Salvador e procura praticar a Sua Palavra, vive a Paz.

Se nós O temos, então devemos ser pacificadores. Quando houver um conflito, não o ignoremos; mas peçamos sabedoria e palavras brandas ao Espírito Santo para promover a solução. Oremos pedindo que o Senhor nos traga paz interior para demonstrá-la de modo exterior. Se assim formos, seremos chamados de filhos de Deus (Mt 5.9)! E a Glória será Dele!

Para pensar...

A. Não são somente os grandes conflitos mundiais que extinguem a paz. As atitudes do cotidiano também são responsáveis por isso. Pense e liste ações que podem tirar a paz em seu ambiente familiar, no seu trabalho ou no local onde você estuda.

B. A primeira parte de Hebreus 12.14 diz: "Segui a paz com todos". Sabemos que essa tarefa é difícil. Seria mais fácil viver em paz somente com aqueles com quem temos afinidade. Contudo, a palavra "todos" é bem abrangente e inclui os que nos ferem, nos incomodam. Busque, em sua memória, nomes de pessoas com as quais você não tem paz. Decida hoje pedir ajuda divina e comece a lutar para ter paz com essas pessoas.

C. A Bíblia também ensina que os pacificadores são chamados de filhos de Deus (Mt 5.9), e como isso é glorioso! Procure lembrar-se de uma situação de conflito que esteja ocorrendo aí perto de você. Ore a Deus, disponha-se a promover o equilíbrio e desfazer a confusão. Peça a Ele sabedoria para ajudar quem está vivendo esse problema e, como filha de Deus, leve a comunhão aos que necessitam.

D. Há um mandamento da Palavra de Deus que nos ordena orar pela paz de Israel. Contudo, ele não é praticado com frequência, e o inimigo se alegra por isso, pois está interessado no esquecimento e na derrota desse povo. Israel é a nação escolhida por Deus, portanto, devemos nos considerar irmãos dos israelenses, já que somos escolhidas pelo Senhor também. A partir de hoje, ore por eles cotidianamente e creia que você será abençoada por essa atitude. Quer alguma prova disso? Leia Salmos 122.6.

E. O Senhor deseja que todos tenham paz, e é por isso que encontramos vários versículos bíblicos que tratam desse assunto tanto no Antigo quanto no Novo Testamento. Procure-os, alimente a sua alma com esses ensinos e que o Espírito Santo incomode a sua consciência para que você promova a paz onde quer que esteja.

Dieta espiritual?
Nem pensar!

Estamos vivendo na época das dietas: da sopa, da lua e tantas outras. Sonha-se diariamente com o corpo perfeito, sem os tão temidos "pneuzinhos". Alguns se esforçam tanto, ao ponto de ficarem doentes por falta de nutrientes essenciais ao organismo.

Podemos fazer uma comparação com a vida espiritual, pois corremos sério risco de entrar numa dieta, muitas vezes sem perceber. A oração e a leitura da Palavra são alimentos essenciais para o nosso espírito. Mas a correria do dia a dia tem reduzido bruscamente essa alimentação, e passamos, então, a uma vida espiritual com baixas calorias, sem adição de fé nem perseverança.

Geralmente, não oramos quase nada. Ficamos mais no "ore por mim", e a leitura da Bíblia se reduz à "caixinha de promessas". Sem muito compromisso, sem meditação, muito menos vivência. E assim vamos seguindo, como sepulcros caiados, belas por fora, mas cheias de podridão por dentro (Mt 23.27), achando que estamos fortes quando, na verdade, estamos muito mal e espiritualmente anoréxicas.

Precisamos e devemos alimentar à vontade nosso espírito, diariamente, pois necessitamos de uma vida espiritual saudável. Portanto, alimente-se bem! E que o Senhor seja nosso único nutricionista espiritual.

Para pensar...

A. Você já parou para pensar como anda sua vida espiritual? Pare um pouco para analisá-la e responda: ela está sendo saudável ou anoréxica?

B. Faça uma lista com pelo menos cinco itens respondendo à pergunta: Por que é importante ler a Bíblia?

C. Peça ajuda ao Senhor e elabore um "cardápio" com tarefas diárias para uma vida espiritual mais saudável.

D. Como nos diz o texto deste devocional, vivemos dias de muita correria, e a alimentação do espírito normalmente fica em último plano, isso quando não o deixamos com fome. Passamos a viver no raso: raso na oração, raso na leitura, raso até na gratidão. Saia do raso. Decida hoje mergulhar fundo, e você descobrirá coisas maravilhosas que Deus tem reservado para aqueles que não se contentam em ficar somente na superfície.

E. Já conseguiu ler a Bíblia toda pelo menos uma vez? Se não, experimente começar um plano anual de leitura da Bíblia. Assim, você criará o hábito de alimentar seu espírito todos os dias.

Devocional 20

COMPARTILHAR É ABENÇOAR

A partir do momento em que recebemos a bênção do Senhor ao nos entregarmos a Ele, tornamo-nos abençoadoras dos que vivem à nossa volta. Quando falamos em ajudar o próximo, pensamos logo em ajuda financeira ou de alimentos, mas essas são apenas duas formas de compartilhar o que temos. Podemos fazer mais! Mantenha o coração aberto e o Espírito Santo a tocará, mostrando o que deve fazer.

Existem pessoas que têm muito dinheiro, mas são carentes de carinho e atenção. Algumas precisam ouvir palavras de encorajamento e outras gostariam apenas de um abraço. Compartilhe seu amor; mostre às pessoas que elas são importantes.

Talvez você conheça músicas com letras edificantes que tocarão o coração de alguém. Leu um livro que vale a pena? Viu um filme por meio do qual Deus falou com você? Compartilhe! Há uma química poderosa em proporcionar felicidade a alguém: fazer feliz é fazer-se feliz.

No entanto, há algo que é mais importante do que tudo: o Evangelho. Não fomos chamadas para viver de qualquer maneira, tipo "deixa a vida me levar". Fomos chamadas a fazer parte do corpo de Cristo e anunciar ao mundo a Salvação. Você possui a maior riqueza. Compartilhe!

Para pensar...

A. Sim, compartilhar é abençoar! E não há nada mais abençoador do que compartilhar a salvação em Cristo Jesus. Já fez isso hoje? Se não, então faça! Mas não apenas hoje. Faça com que a alegria da salvação atraia mais pessoas para Cristo dia após dia. Reflita: que meios você pode usar para fazer isso?

B. Seja solidária com seus colegas. Seja na escola, na faculdade ou no trabalho, esteja atenta e ofereça ajuda. Não seja do tipo "cada um por si". Deus fez de você uma bênção para abençoar os seus semelhantes. Lembre-se disso!

C. Periodicamente, revise seu guarda-roupa e observe se não há peças esquecidas, das quais você nem gosta mais, que possam ser doadas. Sempre existe alguém precisando. Faça o mesmo com os calçados. E não deixe para depois. Esta é uma boa semana para realizar essa boa ação. Vamos, anime-se!

D. Quando você compartilha coisas boas, está abençoando as pessoas e glorificando a Deus. Estude a Palavra de Deus constantemente e permita que o Espírito Santo a use para compartilhá-la sempre que alguém estiver precisando. Compartilhando a Palavra, você compartilhará fé, cura e salvação. Pense em alguém que precisa de uma palavra de ânimo ou um conselho, escolha um versículo e envie com carinho para ela.

E. Leia estas referências e veja o quanto abençoar é recompensador: Provérbios 11.24; 25.2, Coríntios 9.6, Atos 20.35, Mateus 10.42, 1 Timóteo 6.17-19.

Devocional 21

CUIDADO, ELAS MATAM!

Quem sabe você se lembra de ter dito assim: "Você vai ver o que vai acontecer!", "Tomara que você se dê mal!" e algumas outras frases que vieram à mente. Na maioria das vezes, essas palavras foram pronunciadas com uma carga de muita ira em seu coração, não é?

Cuidado! Elas matam! Conforme expressou o sábio em Provérbios 18.21, "a morte e a vida estão no poder da língua". O que você diz tem poder para trazer a paz ao que vive em conflito; porém, pode matar os sonhos de outra pessoa ou abrir feridas profundas no coração de quem as recebe.

Muitas vezes, você verbalizou um pensamento e, mais tarde, se arrependeu. O apóstolo Tiago, em sua epístola, explica que os homens foram capazes de dominar todos os animais, contudo, não conseguem dominar a própria língua (Tg 3). O que fazer, então?

Peça ajuda ao Criador que fez tudo existir pelo poder da Palavra. Submeta-se a Ele e terá vitória. Seja vigilante e pense antes de falar (Ef 4.29). Diga a verdade (Tg 5.12). Escolha suas palavras (Pv 15.1). Um dia você estará sob juízo, e o que tiver dito será usado contra você no Tribunal (Mt 12.37). Cuidado!

Para pensar...

A. O escritor Victor Hugo disse que "as palavras têm a leveza do vento e a força da tempestade". Tente se recordar de quais palavras ou frases você tem ouvido ao longo da vida que têm trazido paz e calma para sua caminhada. Anote também o nome das pessoas que as pronunciaram.

B. Por descuido, usamos a nossa língua de maneira inadequada e ferimos as pessoas que nos rodeiam. Você é esse tipo de pessoa? Você usa a sua língua mais para abençoar ou para maldizer?

C. Que tal desenvolver o hábito de usar as suas palavras para abençoar? Crie o hábito de, todos os dias, se puder, usar suas redes sociais para expressar frases de bênçãos, de ânimo e não de revolta ou desânimo.

D. Geralmente, é a nossa família que mais sofre com a força da nossa boca descuidada. Por convivermos com mais frequência, muitas vezes falamos sem pensar e a ferimos. Relembre algo de negativo que tenha dito a alguém (pai, mãe, esposo, irmãos...) e peça força ao Senhor para pedir perdão e desfazer a mágoa criada por consequência da sua falta de vigilância.

E. É bem certo que você conviva com pessoas que também não refreiam o seu falar. Estude mais a Palavra de Deus e busque nela conselhos sábios para ajudá-las. Mas cuidado: reflita sobre o que você dirá e, principalmente, sobre como apresentará seu conselho.

Devocional 22

DEIXE SUAS REDES IMEDIATAMENTE

Os relatos bíblicos narram que Simão e André, ao serem convidados a seguir Jesus, obedeceram imediatamente, sem questionar ou hesitar (Mc 1.18). E você, como reage quando precisa tomar uma decisão ou obedecer a um comando? Talvez, em sua mente, surja agora uma retrospectiva. Muitas ações postergadas, muitas decisões adiadas, muitas situações ignoradas no momento e, consequentemente, esquecidas...

O que deve ser feito, não deixe para depois. Faça-o no tempo presente. O velho ditado já diz: "Não deixe para amanhã o que pode ser feito hoje". Planejou iniciar a leitura bíblica? Então coloque em prática. Planejou intensificar os estudos? Organize o seu horário e pegue os livros. Pensou em perdoar alguém? Ligue, vá ao encontro dessa pessoa; contudo, faça hoje!

Davi, ao ouvir os insultos do gigante Golias contra o seu povo, não ficou pensando, mas agiu. Foi até o rei Saul e se voluntariou para defender Israel. Sua decisão foi tomada com firmeza. E ele assim fez porque sabia que o Deus Eterno estava com ele, tanto que disse que sua luta seria "em nome do Senhor dos Exércitos".

Seja assim como os dois pescadores e Davi. Seja uma pessoa determinada. Não arraste redes. Deixe-as! E siga guiada por Jesus!

Para pensar...

A. Segundo o dicionário, "procrastinar" é o ato de transferir para outro dia ou deixar para depois; adiar, delongar, postergar. Faça uma autoavaliação neste momento e perceba o que você tem procrastinado nas atividades do cotidiano.

B. A Bíblia fala sobre a necessidade de tomarmos atitudes com rapidez (e consciência), porque elas podem trazer bênçãos para nossa vida. Isso é visto, por exemplo, quando os dois anjos dizem a Ló que deveria sair apressadamente de Sodoma (Gn 19.12). Sua segunda tarefa é determinar o que fará para não adiar mais os itens relacionados no tópico anterior. Com muita calma, pense o quanto é importante realizar tais tarefas e o quanto sua vida será mais organizada depois de tê-las feito.

C. Muitas vezes, deixamos de receber vitórias porque temos o vício do "deixar para depois". Nossa mente vive um ciclo de repetir frases como "Eu preciso começar...", "Por que eu não fiz isso antes?" e, finalmente, "Da próxima vez eu vou fazer mais cedo!", e nada muda. Pense nos projetos de vida que você tem para o seu futuro (profissão, estudo, relacionamento amoroso, viagens etc.) e comece não só a sonhar, mas determine atitudes a serem tomadas para que eles realmente aconteçam e não fiquem só no plano da possibilidade.

D. Se não vigiarmos, seremos descuidadas com o Reino de Deus. Cristo determinou que deveríamos ser as atalaias do Seu amor, mensageiras da grandiosa salvação; no entanto, por apatia espiritual, deixamos o nosso compromisso para outro dia e, assim, nunca o praticamos. E isso é muito ruim, porque estamos falhando quanto ao serviço da Grande Comissão (Mc 16.15). Enumere pelo menos cinco atitudes básicas que você tomará a partir de agora no serviço cristão de levar Cristo ao mundo. E não é só enumerar, mas agir imediatamente.

E. "Não se gabe do dia de amanhã, pois você não sabe o que este ou aquele dia poderá trazer" (Pv 27.1). Além desse conselho, há outros que reforçam a necessidade de não adiarmos nossas obrigações. Leia mais a Palavra do Senhor e liste outros conselhos que tratem do mesmo assunto. Desde já, peça ao Espírito Santo que trabalhe em sua mente e a ajude a vencer esse mal.

Devocional 23

E QUANDO NADA VAI BEM?

É fácil confiarmos em Deus quando tudo vai bem, não é mesmo? Mas, quando as lutas batem à nossa porta, muitas vezes nossa fé é abalada pelas preocupações, e não confiamos em Deus como deveríamos. Esquecemos que é nessas horas que nossa fé é testada, provada.

A Bíblia nos diz que sem fé é impossível agradar a Deus (Hb 11.6). Confiar no que estamos vendo não é ter fé. Fé é quando tudo ao nosso redor parece contrário, parece dizer "não", mas, mesmo assim, temos a certeza de que Deus está agindo em nosso favor.

Todas as coisas contribuem para o bem daqueles que amam a Deus (Rm 8.28) e, se cremos que isso é verdade, temos que acreditar que dias melhores virão, que estamos sendo moldadas, preparadas, lapidadas para receber aquilo que Ele tem preparado para nós.

Nunca o questione, mas adore-o em qualquer situação. Deus é Deus e sabe o que está fazendo.

Para pensar...

A. Todas passamos por provações. Mas a questão é: seremos aprovadas no final? Como você tem se comportado diante das dificuldades?

B. Você não pode deixar que as preocupações sufoquem sua fé. Preocupação exagerada é falta de confiança em Deus, e isso não O agrada. Ele quer que você confie que Ele está agindo em seu favor. Ore e peça ao Senhor para aumentar a sua fé e a ajudar a descansar Nele.

C. Quando o Senhor nos permite passar pelo deserto é porque Ele quer nos ensinar alguma coisa. Deserto é lugar de crescimento, de aprendizado. Não é por acaso que essas lutas vêm, em tudo Ele tem um propósito. Cite pelo menos três lições que você aprendeu com seus desertos.

D. Pode parecer repetitivo, mas a verdade é que, sem um bom relacionamento com Deus, não conseguimos seguir em frente na caminhada com Cristo. Quando temos um relacionamento íntimo e sincero com Ele, fica muito mais fácil enfrentar as adversidades da vida. Coloque-O a par de tudo que acontece com você, só tome decisões depois de consultá-lo, e aprenda a ouvir a Sua voz. Você verá que ficará muito mais fácil depois que deixar Ele participar da sua vida.

E. Na Bíblia temos uma lista dos Heróis da Fé (Hb 11). Escolha pelo menos dois deles e estude suas histórias, sempre anotando aquilo que você acha que pode ser aplicado em sua vida.

Devocional 24

PECADO DE ESTIMAÇÃO

Quem nunca teve um bichinho de estimação? Seja ele qual for, o tratamos como um verdadeiro membro da família, e isso é bom! Mas, ao contrário dos bichinhos, muitos têm adotado um ou mais pecados de estimação, e isso é muito perigoso, pois o pecado nos afasta de Deus.

As pessoas arrumam desculpas, mesmo sabendo que não há explicação para tal prática. Pensam que Deus é um Pai "bobinho", fácil de engambelar, que entenderá e aceitará tudo, e que elas não necessitam de mudança de vida.

Em João 8.34, Jesus diz que "todo que comete pecado é escravo do pecado". Por que sermos escravas se podemos ser livres (Jo 8.36)? Alimentar o pecado enfraquece nosso espírito e pode até nos levar à morte (Pv 11.19, Rm 6.23).

Somos peregrinas neste mundo; não podemos deixar que os desejos carnais nos tirem a salvação (1 Pe 2.11). Diga **não** ao pecado de estimação e adote **hoje** uma vida de santidade, de uma verdadeira cidadã do céu.

Para pensar...

A. Aqueles "pecadinhos" aos quais não damos muita importância, que achamos que "não tem nada a ver", que estão ocultos aos olhos humanos, são os que mais destroem o relacionamento entre o homem e Deus. O Espírito Santo vai se afastando, se afastando, e, quando a gente vê, Ele já se retirou e nem demos conta disso (Jz 16.20). Analise sua vida agora e procure esses "pecadinhos". Faça uma oração de arrependimento e rejeição de cada um. Lembre-se: "O que encobre as suas transgressões nunca prosperará. Mas o que confessa e deixa (deixa de praticar), alcança misericórdia" (Pv 28.13).

B. Tire um momento de oração, só você e Deus, e peça perdão por todos os seus pecados, mesmo aqueles que você involuntariamente comete. Você pode até não lembrar, ou nem saber, mas Deus sabe e está pronto para perdoá-la.

C. Peça para Deus ajudá-la a enxergar coisas que você faz que não o agradam. Liste-as e, todos os dias, ore para que Deus a ajude a se libertar de tais práticas. Quando você menos esperar, estará livre para continuar buscando uma vida de santidade em Deus.

D. Ouça e reflita na letra deste hino: *Eu me arrependo*, de Eyshila. Em seguida, ouvindo-o baixinho, converse com Deus.

E. Encontre na Bíblia pelo menos três passagens que mostram pessoas confessando seus pecados a Deus. Anote cada uma e as use como inspiração sempre que achar necessário.

Devocional 25

VOCÊ É CASA DE DEUS

Há uma canção congregacional com o seguinte trecho: "Sou casa, eu sou morada/Sou santuário onde habita o meu Deus". Que belo refrão! Como é bom saber que o Todo-Poderoso pode fazer morada dentro de seres tão frágeis como nós (Hb 3.6).

No Livro Sagrado, aprendemos que o Pai Celestial só faz de nós habitação quando Lhe permitimos entrar, pois Ele não é invasor (Ap 3.20). Quando isso acontece, sabemos que a nossa casa não fica da mesma maneira. Para que Ele se torne um morador constante, muitas mobílias com defeito da velha natureza precisam ser jogadas fora. A vaidade, a cobiça, o ódio e a mentira, por exemplo, são incompatíveis com o Morador Santo.

A reflexão de hoje é bem íntima. O que anda habitando em seu coração? Faça uma varredura e tire o pó. Verifique se algo impede o Senhor de ser o habitante fiel de sua vida. Ele só vive em lugar de luz e de limpeza espiritual (1 Jo 1.6).

Esforcemo-nos para, dia após dia, sermos Casa de Deus. Renovemos os nossos sentimentos e nossas atitudes. Enfeitemos a nossa vida com aquilo que agrada ao Senhor e que desperte em outros a vontade de fazer o mesmo!

Para pensar...

A. Faça uma auditoria em seu viver neste momento. Como as pessoas e Deus a veem? Como uma casa linda, mobiliada com bom caráter, ou observam mais as rachaduras e ervas daninhas? Como você se vê? Pense nisso.

B. A Palavra nos ensina que somos a morada de Deus (2 Co 6.16). Ele nos criou, tornou-nos belas e decidiu habitar em nós. Você um dia permitiu que o Senhor colocasse uma plaquinha de propriedade em sua vida quando aceitou a salvação do Seu unigênito Filho. Agora, anote o que você tem feito para que Deus tenha prazer em morar em você.

C. A aparência da habitação de Deus em você deve ser a mais bela possível. E essa beleza é demonstrada por meio de ornamentações que formam o fruto do Espírito. Leia Gálatas 5.22 e faça uma lista do que você já tem em sua morada espiritual e o que ainda não tem. Ore e peça ao Senhor que a ajude a conquistar essa característica fundamental da vida cristã.

D. Como santuário do Espírito Santo, temos responsabilidades a cuidar. Precisamos fugir da prostituição (1 Co 6.18) não só carnal, mas também espiritual. Quando praticamos a idolatria, segundo Jeremias 3.8-9, estamos nos prostituindo e agindo contra Deus. Reflita: o que tem ocupado o lugar do Deus vivo em sua vida? Será que isso não tem sufocado o brilho do Espírito Santo? Peça perdão ao nosso Senhor e decida abandonar as práticas ruins.

E. O fruto do Espírito que você pesquisou na reflexão da letra C foi uma marca louvável em muitos homens e mulheres. Segundo as Escrituras, Moisés foi um homem manso (Nm 12.3); e José foi o exemplo de longanimidade, pois, mesmo sendo injustiçado durante anos, esperou com paciência o tempo e o socorro de Deus para sua vida. Descubra, por meio do estudo bíblico, exemplos de seres humanos que possuíram as marcas do fruto do Espírito Santo e peça a Deus força para ser como eles no caráter.

VOCÊ NÃO SABE PELO QUE ESTOU PASSANDO

Talvez você esteja passando por uma situação muito difícil, um momento de dor; sua carga está pesada. Aí você olha as pessoas nas ruas, nos restaurantes, na igreja e pensa: "elas não sabem o que estou passando!".

É verdade, elas não sabem. Assim como você também não conhece a dor ou o peso da carga de cada uma delas.

Todos nós, homens e mulheres de todas as nações e credos, temos cargas, engolimos sapos vez ou outra, nos sentimos deprimidos e solitários, escondemos muitas dores, decepções e fraquezas. E isso não nos torna melhores ou piores, nem nos dá senha preferencial para receber a atenção de todos. Você precisa de atenção e outros cuidados, e seu próximo também precisa.

Às vezes faz bem tirar nossos problemas do foco e olhar para o lado. Ao observarmos o outro a ponto de vermos sua dor ou necessidade, estamos nos dando a oportunidade de servir e ajudar, de parar de exaltar nossas dores como se fossem únicas e de agradecer a Deus, pois veremos que sempre tem alguém com uma carga cujo peso nós não suportaríamos. Leia Gálatas 6.2.

Para pensar...

A. Todas nós passamos por momentos difíceis e muitas vezes nos esquecemos de olhar ao nosso redor. Às vezes, há alguém do seu lado precisando de ajuda, de um conselho, de um abraço. Quem sabe esteja passando por algo bem pior que talvez você não suportasse passar. Peça a Deus ajuda para enxergar essas pessoas e sabedoria para que você também possa ajudá-las. Faça a diferença na vida de alguém.

B. Não se vitimize. Lembre-se de que todas nós enfrentamos dificuldades. Agradeça a Deus por cada uma delas, pois Ele permite que venham para nos moldar, nos fazer crescer. É necessário passarmos por elas, pois fazem parte do processo para vivermos conforme a vontade do Pai, que é sempre "boa, agradável e perfeita" (Rm 12.2). Agradeça mais, reclame menos.

C. Use suas experiências para ajudar outras pessoas. Talvez alguém por perto esteja passando por uma situação parecida com a que você passou, mas não esteja sabendo como lidar. Permita que Deus a use para abençoar outras vidas.

D. Tire um momento com Deus. Conte para Ele o que se passa com você, qual é a sua dor, aquilo que a tem feito sofrer, chorar... Ele quer consolá-la, encorajá-la, fortalecê-la. Renove suas forças Nele. Ouça estes hinos:

- *Se eu não conseguir falar*, de Jozyanne.
- *Quando eu chorar*, de Bruna Karla.
- *Sinceridade*, de Alisson e Neide.
- *No silêncio*, de Rose Nascimento.

E. Estude a história de José. Ele foi vendido pelos seus irmãos, levado como escravo e preso injustamente. Porém, tudo isso foi necessário para que o propósito de Deus se cumprisse em sua vida. No final, tornou-se governador do Egito e pôde abençoar milhares de pessoas. Tudo que você passa faz parte de um processo. E o que Deus tem reservado é muito maior do que você possa imaginar. Só precisa entender que o Senhor tem o controle de tudo e a exaltará quando estiver pronta para receber o que Ele tem preparado para você.

Devocional 27

DEUS SÓ QUER O CORAÇÃO. SÓ QUE NÃO!

Deus, em sua infinita sabedoria, entregaria Seu único Filho à morte visando apenas o coração? Claro que não! Por esse ponto de vista, pensando no coração apenas como uma pequena parte da totalidade de uma pessoa, tal afirmação já perderia seu valor. Mas há um ponto mais interessante a ser analisado.

A Bíblia diz que "do coração procedem as fontes da vida". Pensamentos e intenções estão ligados ao coração; o que queremos, o que fazemos, primeiro decidimos interiormente, para depois praticar. Leia Mateus 15.19. Toda mudança verdadeira começa no interior e se manifesta, como consequência, no exterior. Logo, se Deus quer o nosso coração, quer também que entreguemos a Ele todos os aspectos de nossa vida.

E tem mais: para que continuássemos a nos desculpar dos nossos erros recorrentes com essa frase vazia (Deus só quer o coração), precisaríamos apagar alguns versículos, como estes: "Fujam da imoralidade sexual. Todos os outros pecados que alguém comete, fora do corpo os comete; mas quem peca sexualmente, peca contra o seu próprio corpo". E Paulo continua, dizendo: "por acaso vocês não sabem que nosso corpo é onde o Espírito Santo (Santo!) habita?". Leia 1º Coríntios 6.18-20.

Portanto, glorifiquemos a Deus com toda a nossa vida!

Para pensar...

A. Assim como Deus não estava satisfeito com o povo no tempo de Isaías, pois O honrava apenas da boca para fora (Is 29.13), também não se alegra com a atitude dos que se dizem cristãos, mas se recusam a tomar a sua cruz e seguir a Cristo. De que maneira você tem vivido: como uma cristã que se esforça para colocar em prática os princípios bíblicos ou como alguém que busca viver um cristianismo facilitado?

B. A questão anterior indica que é necessário refletir na vida cristã de forma abrangente. Por exemplo, reflita se suas mãos estão limpas diante do Deus que sabe todas as coisas; ou se você tem praticado algo com suas mãos que se caracteriza como algo que não convém, segundo 1º Coríntios 10.23. Caso tenha praticado, escreva e apresente a Deus, com sinceridade e arrependimento, pedindo perdão e força para manter limpas as suas mãos.

C. Do mesmo modo, reflita sobre para onde seus pés a têm levado. Pense. Deixe o Espírito Santo ajudá-la. Ore e, se necessário, retorne ao novo e vivo Caminho: Jesus! Leia: Salmos 119.59 e João 14.6.

D. Agora, pense sobre seus olhos e ouvidos, pois são portas de entrada da alma. O que você tem levado para dentro do seu coração? A que tem assistido? Que tipo de música tem ouvido? Quais conselhos você se dispõe a ouvir e seguir? Seja seletiva. Não permita que sua mente e coração se tornem depósitos de lixo. Se assim acontecer, será isso o que sairá da sua boca, da qual você também deve cuidar (Lc 6.45).

E. Escreva estes versículos e releia-os com atenção: Salmos 24.3,4; 1º Tessalonicenses 5.23; Romanos 12.1,2. Ao final, ore ao Senhor e consagre a Ele todo o seu ser. Viva para Ele sem reservas.

Devocional 28

SAIA DO CASULO

Vergonha: casulo que aprisiona a coragem. Teme falar sobre seus sentimentos, ser criticada e envermelha o rosto só de imaginar que precisa falar de Jesus? Você não nasceu para viver nessa prisão. "Pois o Espírito que Deus nos deu, não nos torna medrosos; pelo contrário, o Espírito nos enche de poder e de amor e nos torna prudentes" (2 Tm 1.7).

Passado: casulo que aprisiona a esperança. As marcas do que já aconteceu estão na alma. Elas não cicatrizam porque você insiste em mexer nelas e abri-las mais uma vez. Contudo, a Bíblia diz que as misericórdias do Senhor se renovam todas as manhãs (Lm 3.22-23). Seu passado já foi apagado no perdão da cruz e não é ele quem define você. Assim diz a Escritura: "Não vos lembreis das coisas passadas, nem considereis as antigas. Eis que faço coisa nova, que está saindo à luz; porventura, não o percebeis?" (Is 43.18-19).

Vitimização: casulo que aprisiona o amor-próprio. Tudo de ruim acontece a você. Nada de bom surge em sua vida. É assim o discurso da vítima. Repreenda esse mal! Padecemos mesmo, mas Deus nos aperfeiçoa, confirma e nos fortalece (1 Pe 5.10).

Escolha ser livre. Escolha voar!

Para pensar...

A. O nosso Cristo foi criticado e humilhado por mostrar ao mundo uma nova e abundante forma de viver, que não está na satisfação da carne, mas no crescimento do espírito. A vergonha pode surgir como consequência de uma ação que desobedeceu aos princípios bíblicos. Como podemos aconselhar uma pessoa a perder a vergonha do pecado e ter uma vida vitoriosa?

B. Quando recebemos a salvação, sentimos um novo ânimo de vida, pois sabemos que agora trilhamos o caminho da liberdade em Cristo. O que você tem feito para influenciar as pessoas ao seu redor? Tem se sentido envergonhada dessa supertransformação ou tem declarado essa grande vitória em Cristo?

C. Se há algum evento em sua vida pelo qual esteja tendo dificuldade em esquecer, tome a decisão de abandoná-lo. Escreva hoje três novos desejos que você quer para a sua vida e estabeleça que ocupará a sua mente pensando e traçando meios para que esses desejos se realizem. Além disso, em suas orações, peça a Deus que os torne possíveis também, caso estejam no centro da vontade Dele.

D. Faça uma vistoria em sua vida nesses dois últimos meses. Em vez de ficar pensando no passado, anote aqui o que tem acontecido de positivo (não importa se é um pequeno ou um grande feito) e agradeça ao Senhor por lhe permitir ver essas bênçãos que ainda eram inexistentes em seu olhar. E não se esqueça do que o salmista um dia aconselhou: "Provai e vede como o Senhor é bom. Como é feliz o homem que nele se refugia!" (Sl 34.8).

E. A Bíblia nos ensina que no mundo teremos aflições, mas que devemos ter bom ânimo, porque Cristo já venceu por nós (Jo 16.33). E essa mesma Palavra está repleta de ensinamentos que nos encorajam a seguir lutando porque Deus está conosco. Pesquise referências que falem sobre isso, anote aqui e medite nelas com mais frequência.

Devocional 29

O PODER DA FÉ

Marcos 5.25-34 nos conta a história da mulher do fluxo de sangue. Ela lutou 12 anos contra aquele mal, investiu tudo que tinha em médicos e tratamentos, mas seu estado só piorava.

Desenganada e sem esperança, ela ouve falar de Jesus. Sua fé foi tão grande que ela pensou: "se eu somente tocar as suas vestes, serei curada". Sem olhar para as dificuldades que enfrentaria para chegar até Jesus, ela foi. Apesar dos muitos obstáculos, ela não desistiu e conseguiu tocar a barra do vestido do Mestre. Não foi um toque comum, foi diferente, especial, ao ponto de Jesus parar e querer saber quem O havia tocado.

A multidão tocava e empurrava Jesus de todos os lados, porém, somente o toque dessa mulher chamou Sua atenção. Ela prostrou-se diante Dele e confessou ter sido ela quem O tocou. Ele disse: "Filha, a tua fé te salvou".

É mediante a sua fé que Deus agirá. Não adianta querer receber algo de Deus depositando sua confiança em homens. Siga esse exemplo e comece hoje a usar sua fé. Toque em Jesus, chame sua atenção. Ele ainda é o mesmo e quer operar maravilhas em sua vida.

Para pensar...

A. De que maneira você tem colocado sua fé em ação?

B. Como tem sido sua postura diante das dificuldades? Confia que o Deus do impossível está com você e vai ajudá-la ou deixa que elas minem sua esperança?

C. Leia os Salmos 34.18 e 51.17 e reflita um pouco sobre eles. Agora, escreva aqui o que você pode fazer para chamar a atenção de Deus, para tocá-Lo de uma forma diferente.

D. Pense em algo que você precisa muito, mas que aos olhos humanos parece impossível. Agora você orará colocando sua fé em prática. Depois de orar, confie e descanse.

E. Na Bíblia temos vários exemplos de pessoas que colocaram a fé em ação. Busque alguns desses exemplos e anote lições importantes que você precisa incluir no seu dia a dia.

AMANDO PODEROSAMENTE

Há uma frase que diz assim: "Uma das maneiras mais poderosas de se amar uma pessoa é orando por ela". E sabe que é verdade!?

No Sermão da Montanha, Jesus fala que devemos amar e orar pelas pessoas que nos perseguem e maltratam (Mt 5.44). A oração aplaca o furor e ameniza as emoções ruins, a ponto até mesmo de eliminá-las, se houver constância na oração. Ao orar por aqueles que se colocam na posição de nossos inimigos, estamos demonstrando amor por eles. Lembre-se: amor é atitude; pelas ações vem o sentimento. Leia 1º Coríntios 13.4-8.

Agora, se é assim com os inimigos, imagine com as pessoas que amamos... É realmente uma demonstração poderosa de amor! Considere a dor, a necessidade, a situação pela qual estão passando sua família, seus amigos e seus irmãos em Cristo e peça a Deus por eles. Apresente-os constantemente em suas orações (1 Ts 5.17). Agradeça, sempre! Que as realizações e conquistas deles sejam celebradas por você como se fossem as suas. Deus ouve o coração sincero e se alegra com essa atitude!

Para pensar...

A. Comece orando por você. Afinal, deve amar o outro como a si mesma, não é? Então converse com o Senhor sobre tudo o que diz respeito à sua vida: seus sonhos, temores, indecisões, metas... tudo mesmo. E que essa atitude seja uma prática diária em sua vida. Dedique, hoje, um tempinho para compartilhar seus segredos mais íntimos com Ele.

B. Pense nas pessoas que a machucaram de alguma forma e das quais, até hoje, você espera por um pedido de perdão. Não espere mais. Decida perdoá-las agora mesmo. Sabemos, não é fácil! Contudo, não deixe a mágoa crescer e fazer de você uma mulher amarga. Não permita que situações como essa a afastem do Senhor. Pode demorar um pouco, dependendo da situação o perdão só se concretiza com esforço diário, oração e lágrimas. Leia Mateus 5.44.

C. Invista tempo orando pela sua família. Apresente cada um, coloque-os debaixo da poderosa mão de Deus. Ore pelos relacionamentos, pela salvação e pela libertação. São muitas as petições. Vamos fazer uma lista!?

D. Ore por seus amigos, eles também precisam ser amados poderosamente. E não deixe de orar por sua nação. Apresente os governantes, a população, os missionários, os ribeirinhos, os miseráveis... Que tal outra lista?

E. Seja quem for o alvo da demonstração do seu amor por meio da oração, sempre inclua a gratidão. Aqui também não podemos deixar passar em branco. Anote motivos para agradecer a Deus em relação a cada um dos grupos de pessoas citados. Leitura de hoje: Tiago 5.16, 1º Tessalonicenses 5.17, Mateus 6.6 e Daniel 9.1-23.